PARAMAHANSA YOGANANDA

(1893 – 1952)

KAKO
⸒ RAZGOVARATI ⸒
S BOGOM

PARAMAHANSA
YOGANANDA

Self-Realization Fellowship
FOUNDED 1920
Paramahansa Yogananda

O OVOJ KNJIZI: *Kako razgovarati s bogom* nastala je na temelju dvaju govora Paramahanse Yoganande održanih 1944. godine u hramovima Self-Realization Fellowshipa u San Diegu i Hollywoodu. U tim hramovima koje je sâm utemeljio Yogananda bi običavao govoriti naizmjence svake nedjelje. Često bi nakon govora u jednom hramu o određenoj temi sljedeće nedjelje u drugom hramu govorio o istoj temi, ali s drukčijeg gledišta. Tijekom godina njegove je govore stenografski bilježila jedna od njegovih najranijih i najbližih učenica Sri Daya Mata (kasnije predsjednica i duhovna nadstojnica Self-Realization Fellowshipa od 1955. sve do svoje smrti 2010.). Knjiga *Kako razgovarati s Bogom* prvi je put objavljena 1957., a do sada je prevedena na više jezika.

Naslov izvornika na engleskom u izdanju
Self-Realization Fellowship, Los Angeles (Kalifornija):
How You Can Talk With God

ISBN-13: 978-0-87612-160-3
ISBN-10: 0-87612-160-1

Prijevod na hrvatski osigurao: Self-Realization Fellowship
Copyright © 2016 Self-Realization Fellowship

Odobrilo Međunarodno izdavačko vijeće
Self-Realization Fellowship

Paramahansa Yogananda osnovao je Self-Realization Fellowship u svrhu širenja svojeg učenja širom svijeta. Ime i zaštitni znak (gore prikazan) Self-Realization Fellowship pojavljuje se na svim knjigama, zvučnim i videozapisima te ostalim izdanjima SRF-a, što čitatelju jamči da je dano djelo izdalo Društvo koje je osnovao Paramahansa Yogananda i da kao takvo vjerno prenosi njegova učenja.

Prvo hrvatsko izdanje *Self-Realization Fellowship*, 2016
First edition in Croatian from Self-Realization Fellowship, 2016

ISBN-13: 978-0-87612-726-1
ISBN-10: 0-87612-726-X

1405-J2617

Božja slava je velika. On je stvaran i Njega se može pronaći... Tiho i sigurno, koračajući stazom života moraš doći do spoznaje da je Bog jedini objekt, jedini cilj koji će te zadovoljiti jer u Bogu leže svi odgovori na svaku želju tvoga srca.

Paramahansa Yogananda

KAKO
—◦ RAZGOVARATI ◦—
S BOGOM

Izvaci iz predavanja Paramahanse Yoganande
održanih 19. i 26. ožujka 1944.

*R*azgovor s Bogom nepobitna je činjenica. U Indiji sam prisustvovao skupu svetaca u času dok su oni izravno razgovarali s nebeskim Ocem. Tako i svatko od vas može razgovarati s Njim, ne jednostranim obraćanjem već istinskim unutarnjim dijalogom između Boga i vas. Svatko od vas može se obratiti Gospodu, ali ja vam danas želim reći kako možemo Gospoda pridobiti da razgovora s nama.

Zašto bismo u to sumnjali? Sveti spisi obiluju opisima razgovora između Boga i čovjeka. Jedan od najdivnijih takvih opisa zabilježen je u Bibliji[*]: „U Gibeonu se Jahve javi Salomonu noću u snu. Bog reče: 'Traži što da ti dadem.' Salomon odgovori: ... 'Podaj svome sluzi pronicavo srce.' ... Zato mu Jahve reče: 'Jer si to tražio, a nisi iskao ni duga života, ni

---

[*] 1 Kr 3:5-13.

bogatstva, ni smrt svojih neprijatelja, nego pronicavost u prosuđivanju pravice, evo ću učiniti po riječima tvojim: dajem ti srce mudro i razumno ..., ali ti dajem i što nisi tražio: bogatstvo i slavu kakve nema nitko među kraljevima."

David je također mnogo puta razgovarao s Gospodom i s Njim raspravljao o zemaljskim problemima. „Tada David upita Boga: 'Mogu li napasti Filistejce? Hoćeš li ih predati meni u ruke?' Jahve mu odgovori: 'Napadni, jer ću ih predati tebi u ruke!'" *

Boga možete ganuti samo ljubavlju

*P*rosječan čovjek moli se samo svojim umom bez strastvene snage svojega srca. Takve su molitve preslabe pobuditi ikakav odgovor. Trebali bismo razgovarati s božanskim Duhom uz golemo povjerenje i osjećaj bliskosti kao kad razgovaramo sa svojim ocem ili majkom. Naš odnos s Bogom trebao bi biti prožet bezuvjetnom božanskom ljubavlju. Više nego i u jednom drugom odnosu možemo punopravno i prirodno tražiti odgovor od Duha kroz Njegov oblik Božanske Majke. Bog je jednostavno prisiljen

---

* 1 Ljet 14:10.

odgovoriti na takav zahtjev jer je Majka upravo pojam ljubavi i praštanja kada je u pitanju njezino dijete bez obzira na veličinu njegova grijeha. Odnos između majke i djeteta najljepši je oblik ljubavi koji nam je Gospod podario.

Ovakav sasvim određeni oblik Boga (oblik Božanske Majke) prijeko je potreban jer u suprotnom čovjek ne bi mogao primiti jasan odgovor. Molba za božanskim odgovorom treba biti zdušna jer polovična molba nije dovoljna. Ako se čvrsto držite uvjerenja „On će razgovarati sa mnom!" i ako se suprotstavite drukčijem razmišljanju bez obzira na to kolike su godine prošle bez Njegova odgovora te ako Mu i dalje nastavite pružati svoje najdublje povjerenje, On će vam jednoga dana ipak odgovoriti.

U *Autobiografiji jednog jogija* opisao sam brojne prilike u kojima sam osobno razgovarao s Bogom. Moje prvo iskustvo tijekom kojega sam čuo božanski Glas seže u najranije djetinjstvo. Jednog ranog jutra sjedio sam na krevetu i utonuo u sanjarenje.

„Što je s one strane tame mojih očiju?" To se pitanje kao snažna misao pojavilo u mom umu. Odjednom mi se u unutarnjem vidu pojavio golem i sjajan bljesak svjetlosti. Iz njega su izronili božanski obrisi svetih ljudi koji sjede u planinskim špiljama u položaju za meditaciju. Bilo je to poput sićušnog filma koji je isijavao i prikazivao se na velikom platnu unutar moje glave.

„Tko ste vi?", upitao sam glasno.

„Mi smo himalajski jogiji.", odgovori Glas. Taj prekrasni božanski odgovor teško je opisati. Srce mi je treperilo. Vizija se izgubila, ali snop srebrnih zraka titrao je i dalje svakom stanicom moga tijela, šireći se kružno u beskonačnost.

Upitao sam: „Što je uzrok tom zanosnom stvaranju zraka svjetlosti?"

„Ja sam Ishwara (Gospod), ja sam Svjetlost!" Glas je bio kao šapat, žuborenje potoka, let oblaka.

Moja majka i najstarija sestra Roma bile su prisutne u času ovog mog najranijeg iskustva i također su čule taj božanski Glas. Ovaj me Božji odgovor ispunio takvim blaženstvom i srećom da sam bio odlučio: tragat ću za Njim sve dok ne postignem jedinstvo s Njim!

Većina ljudi misli kako s druge strane očiju postoji samo tama, ali kada razvijete duhovnost i koncentrirate se na treće oko koje se nalazi između obrva, otkrit ćete da je vaš unutrašnji vid otvoren. Tada ćete razumjeti jedan drugi svijet, stvoren i satkan od mnogih svjetala velike ljepote. Vizije svetaca poput himalajskih jogija koje sam vidio pojavit će se prije ili kasnije i vama. Ako vaša koncentracija postane još dublja, i vi ćete čuti taj božanski Glas.

Na mnogim mjestima sveti nam spisi govore o Gospodinovu obećanju kako će komunicirati s nama: „Tražit ćete me i naći me jer ćete me tražiti svim srcem svojim." (Jr 29:13). „Jahve je s vama, jer ste vi s njime; i ako ga budete tražili, naći ćete ga; ako li ga ostavite, i on će ostaviti vas." (2 Ljet 15:2). „Ako tko čuje moj glas i otvori vrata, ući ću k njemu i večerati s njim, i on sa mnom." (Otk 3:20).

Ako uspijete bar jednom „slomiti pogaču s Njim" tj. prekinuti tišinu između sebe i Njega, On će često razgovarati s vama. U početku je to veoma teško jer nije lako postati blizak s Bogom, a Bog želi biti siguran u to kako vi uistinu čeznete za Njim. Bog vas iskušava kako bi uvidio želite li Ga stvarno i istinski. On neće razgovarati s vama sve dok Ga vi ne uvjerite u to da nijedna druga želja ne postoji u vama ni u vašem srcu osim želje da budete s Njim. Zašto bi se On vama otkrio ako je vaše srce ispunjeno samo čežnjom za Njegovim darovima?

Ljubav je jedini dar koji čovjek može dati Bogu

*B*og je osmislio čitavo stvaranje s namjerom da iskuša čovjeka. Svojim ponašanjem mi pokazujemo želimo li Gospoda ili Njegove darove. Bog vam neće izravno reći kako bi bilo dobro da Njega želite najviše od svega jer želi da je vaša ljubav prema Njemu darovana, a ne nametnuta. U tome i jest cijela tajna postojanja Svemira i sve te igre zvane život. Upravo On koji nas je stvorio čezne za našom ljubavlju! On želi zadobiti našu ljubav spontano, bez Svojih zahtjeva. Naša ljubav je ono jedino što Bog ne posjeduje osim ako Mu je ne damo svojevoljno. Dakle, postoji nešto što i Gospod mora dosegnuti – našu ljubav! A opet, mi nikada nećemo biti sretni sve dok Mu ne darujemo tu ljubav. Sve dok mi, svojeglava djeca, mravci što pužu ovom kuglom zemaljskom, plačemo za Njegovim darovima, a u isto vrijeme ne čeznemo za Njim, Darovateljem, posrtat ćemo i biti izloženi jadu i bijedi.

Budući da je sâm Bog srž našega bića, mi ne možemo istinski izraziti sebe sve dok ne naučimo kako izraziti Njegovu prisutnost u nama. To je prava istina. Mi ne možemo pronaći trajno zadovoljstvo ni u čemu materijalnom jer mi smo sami Božanski, dio Njega samoga. „Ništa te ne štiti, što i Mene neće štititi."[*] Ništa vam neće pružiti istinsko zadovoljstvo sve dok ne nađete traženo zadovoljstvo upravo u Bogu.

Je li Bog osoban ili neosoban?

Je li Bog osoban ili neosoban? U vašim nastojanjima ostvarenja komunikacije s Njim pomoći će vam sljedeće objašnjenje: Mnogi ljudi ne razmišljaju o Bogu kao o osobi jer osjećaju da je antropomorfni prikaz Boga odveć ograničen. Oni Ga smatraju Neosobnim Duhom, Vrhunaravnom Snagom, Inteligentnom Silom koja vodi brigu o ustroju svemira.

Ako je naš Tvorac neosoban, kako je On mogao stvoriti živa bića – nas koji imamo osobnost i razmišljamo, osjećamo, želimo... Bog nam je dao ne samo moć da razumijemo i razlikujemo misli i osjećaje drugih već i da na njih reagiramo i utječemo. Gospodu zasigurno ne nedostaje duha obostranosti koji je udahnuo Svojim vlastitim stvorenjima. Naš Nebeski Otac može i hoće kontaktirati osobno s nama ako Mu mi to dopustimo.

---

[*] Francis Thompson, *The Hound of Heaven*.

Smatrajući Boga neosobnim, mi stvaramo sliku „nekog dalekog Bića" koje samo prima misli naših molitvi bez odgovora. Imamo dojam sveznajućeg bića koje ipak ostaje daleko i nijemo. No time činimo filozofsku pogrešku jer Bog je sveobuhvatan: i osoban i neosoban. Upravo je On stvorio osobe, ljudska bića, i kao njihov Stvoritelj ne može biti u potpunosti neosoban.

Ta misao, da Bog može poprimiti ljudski oblik, doći među nas i razgovarati s nama, zadovoljava potrebu koja se nalazi duboko u našim srcima. No zašto On to ne čini sa svakim? Mnogi su sveci čuli Njegov glas. Zašto ne biste i vi? „O, Gospode, Ti si nevidljiv, neosoban, nespoznatljiv pa ipak ja vjerujem da ću pomoću inja svoje predanosti uspjeti Te 'zamrznuti' u vidljiv oblik." Pomoću svoje intenzivne predanosti čovjek može nagovoriti Boga da poprimi osobni oblik. Ako se dovoljno predano i duboko molite, i vi ćete poput svetoga Franje Asiškog i drugih velikih svetaca ugledati živog Isusa Krista u Njegovu fizičkom tijelu. Isus je bio osobni odraz Boga. Onaj tko je spoznao Brahmu (Boga) i sâm postaje Brahma. Nije li Isus rekao: „Ja i Otac jedno smo."[*]? Swami Šankara

---

[*] Iv 10,30.

isto je tako propovijedao: „Ja sam Duh" i „Ti si To".
Svjedočanstva mnogih velikih proroka govore kako
su svi ljudi stvoreni na sliku Božju.

Sva svoja saznanja o Bogu prikupio sam iz Njegovih
osobnih ukazivanja, a ne iz knjiga. Rijetko kada čitam
i ovo što vam govorim spoznao sam izravno od Boga.
Uvjerenost kojom nastupam potječe od moje izravne
spoznaje Istine. Čitav svijet može misliti suprotno,
ali vjerodostojnost izravne spoznaje u konačnici će
uvijek biti prihvaćena.

Značenje pojma „na sliku Božju"

U Bibliji čitamo: „Jer na sliku Božju stvoren je -
čovjek!"* Nitko nema potpuno objašnjenje o tome što
to znači kada se kaže da je čovjek stvoren po Božjem
liku. Bog je Duh, a čovjek je po svojoj biti isto Duh.
U tome bi bila srž ovoga biblijskog odlomka, premda
postoje i mnoga druga ispravna objašnjenja.

Cijelo ljudsko tijelo i dinamika čovjekove svijesti
koja u njemu boravi i kroz njega djeluje mikrokoz-
mička su očitovanja samoga Boga. Svijest je svezna-
juća i sveprisutna. Ona vam omogućava da u trenu

---

* Post 9:6.

pomislite kako se nalazite na zvijezdi Sjevernjači ili na planetu Marsu. U mislima ne postoji razlika između vas i bilo čega drugoga. Zahvaljujući svijesti koju posjeduje, za čovjeka se može reći da je stvoren na sliku Boga.

Svijest je svjesna same sebe i ona je intuitivno svjesna svoga postojanja. Bog je kroz Svoju kozmičku svijest svjestan samoga sebe u svakom atomu svojega stvaralaštva. „Zar se ne prodaju dva vrapca za jedan novčić? Pa ipak ni jedan od njih ne pada na zemlju bez dopuštenja Oca vašega."*

Čovjek posjeduje urođenu snagu kozmičke svijesti, ali malo je ljudi koji je mogu razviti. Čovjek posjeduje i snagu volje s pomoću koje može poput Stvoritelja trenutno stvarati svjetove i život na njima, ali na žalost samo rijetki uspijevaju razviti tu moć. Čovjek za razliku od životinja može rasuđivati. On posjeduje sva božanska svojstva kao što su: svijest, razum, volja, osjećaji i ljubav. Posjedujući takva svojstva, čovjek može kazati da je on stvoren na sliku Božju.

---

* Mt 10:29.

Fizičko tijelo nije materija, već energija

*E*nergija kakvu mi osjećamo u tijelu podrazumijeva postojanje beskrajne energije koja je znatno moćnija od one potrebne za puko održavanje tjelesnog sklopa. Snaga kozmičke energije koja pokreće čitave galaksije i održava cijeli svemir vibrira i našim tijelom. Energija svemira je jedno očitovanje Boga. Iz toga proizlazi kako smo stvoreni na Njegovu sliku i s čisto fizikalnog stajališta.

Kakva je energija koju imamo u tijelu? Naše tijelo sazdano je od molekula, molekule od atoma, atomi od elektrona, a elektroni od životne sile ili *astralona* – bezbrojnih milijardi čestica energije.

Svojim duhovnim okom (treće oko) možete vidjeti tijelo kao bezbroj svjetlucavih čestica koje izviru iz vaših dvadeset i sedam tisuća milijardi tjelesnih stanica. Samo zbog igre *maye*, privida, vi vidite svoja tijela kao čvrsta. U stvarnosti ono nije tvar, već energija.

Budući da mislite kako ste stvoreni od krvi i mesa, katkad umišljate svoje slabosti i bolesti. Onog časa kada zamijetite prisutnost božanske Svijesti u svome tijelu, spoznat ćete kako tijelo nije ništa drugo nego fizički odraz pet pokretačkih elemenata: zemlje, vode, vatre, zraka i etera.

Pet sveprisutnih elemenata koji tvore ljudsko tijelo

Cijeli svemir koji predstavlja Božje tijelo sazdan je od istih pet elemenata kao i ljudsko tijelo. Ljudsko tijelo sliči zvijezdi čiji krakovi predstavljaju tih pet elemenata. Zvjezdini krakovi u ljudskom tijelu su: glava, dvije ruke i dvije noge. I po tom načelu mi smo stvoreni na sliku Božju.

Naših pet prstiju također predstavlja pet pulsirajućih elemenata Kozmičke Inteligentne Vibracije koja održava čitavu strukturu stvorenog svemira.

Palac predstavlja zemlju, element najniže, najgrublje vibracije, zato je on najdeblji. Sljedeći po redu, kažiprst, predstavlja vibracijski element vode. Srednji prst predstavlja uzdižući plamen, dakle element vatre, stoga je on najdulji. Prstenjak predstavlja element zraka. Mali prst predstavlja eter, izoštren i veoma suptilan element.

Trljajući prst, aktivirate upravo tu unutarnju snagu koju on predstavlja. Ako trljamo srednji prst (koji predstavlja element vatre) i pupak (smješten nasuprot lumbalnom ili vatrenom centru u kralježnici koji upravlja probavom i cjelokupnom izmjenom tvari u tijelu), mi pomažemo u otklanjanju probavnih smetnji.

Bog predstavlja kretanje unutar stvaranja. Čovjek ima noge i stopala zbog svoje potrebe izražaja kroz pokret. I nožni su prsti, kao i oni na rukama, materijalizacija pet zraka energije.

Oči prikazuju Oca, Sina i Duha Svetoga kroz oblik zjenice, šarenice i bjeloočnice. Kada usmjerite svoju pozornost na točku između obrva, tok struje iz oba vaša oka odražava se kao jedno svjetlo i vi tada gledate svojim duhovnim (trećim) okom. To oko je Božje oko. Mi imamo dva oka zbog zakona relativnosti koji prevladava u našem dualističnom svemiru. Isus Krist je rekao: „Zato, bude li ti oko zdravo, čitavo će ti tijelo biti u svjetlu"[*]. Kada „progledamo" kroz naše duhovno oko ili Božje oko, uočit ćemo da je sve stvoreno i sazdano od samo jedne supstancije – Božjeg svjetla.

---

[*] Mt 6:22.

Biti jedno s Bogom i Njegovom snagom

Čovjek u stvari već posjeduje svu potrebnu snagu. Kada je vaša svijest sjedinjena s Božanskim, vi možete mijenjati što god poželite. Automobilski dijelovi mogu biti zamijenjeni i popravljeni kad god je to potrebno, no učiniti to isto s dijelovima ljudskog tijela znatno je složenije. Um koji nadzire sve tjelesne stanice temeljni je čimbenik. Kada čovjek ostvari punu kontrolu nad umom, njegove tjelesne stanice kao i čitavi dijelovi tijela mogu biti zamijenjeni i 'popravljani' onoliko često koliko je to potrebno. Primjerice, s pomoću misli moguće je preraspodijeliti tjelesne atome na način da odraslom čovjeku izrastu novi zubi. Duhovno napredan čovjek postiže potpun nadzor nad cijelom materijom.

Gospod je Duh, neosoban i nevidljiv. Pri stvaranju fizičkog svijeta On je postao Bog Otac. Kad je na Sebe preuzeo ulogu Stvoritelja, postao je osoban i vidljiv u smislu da je čitav svemir Njegovo tijelo.

Bog u obliku planeta Zemlje ima pozitivnu i negativnu stranu – Sjeverni i Južni pol. Zvijezde su Njegove oči, trava i drveće Njegova kosa, a rijeke su Njegov krvotok. Hučanje oceana, pjev ševe, plač novorođenčeta, zvukovi svega stvorenog Njegov su glas. To je osobni Bog. Bilo Njegove kozmičke energije u pozadini je otkucaja srca svih živih bića. On šeće nogama dvije milijarde i šesto milijuna ljudi. On djeluje kroz sve ljudske ruke. Jedna božanska Svijest očituje se kroz umove svih ljudi.

Božji zakon privlačenja i odbijanja omogućava stanicama ljudskog tijela skladno održavanje na isti način na koji se i zvijezde pravilno gibaju svojim putanjama u svemiru. Sveprisutni Gospod uvijek je aktivan i ne postoji niti jedno mjesto na kugli zemaljskoj bez nekog oblika života. S beskrajnim izobiljem Bog neprekidno stvara nove i raznolike oblike – neiscrpna očitovanja Svoje kozmičke energije.

Kada je Bog stvarao Svemir kao odraz Božjeg Duha, imao je određenu ideju ili uzorak misli. On je najprije stvorio cijeli vanjski svemir, a zatim je stvorio čovjeka. Stvarajući Sebi fizičko tijelo u obliku planetarnih sustava, Bog se očitovao u tri vida: kao kozmička svijest, kozmička energija i kozmička masa ili tvar.

Ovim vidovima odgovaraju tri ljudska tjelesna omotača (tijela): idejno ili kauzalno tijelo, astralno ili energetsko tijelo i fizičko tijelo. Duša ili Život u podlozi tih triju tijela jest sam Duh.

Duh se odražava kroz makrokozmos kao kozmička svijest, kozmička energija i masa svemirskih tijela. U mikrokozmosu se pak očituje kao ljudska svijest, ljudska energija i ljudsko tijelo. Kroz to ponovno uočavamo da je čovjek doista stvoren po božanskom Liku.

Bog „govori" vibracijom

*B*og nam se doista ukazuje kroz fizički oblik. On je u stanju postati osoban mnogo više nego što vi to mislite. On je stvaran i prisutan jednako kao što smo to i mi. Ovo vam danas želim reći: Bog nam stalno šalje Svoj odgovor. On nam neprestano odašilje vibracije Svojih misli. Za ovo je potrebna energija, a ta se energija očituje u obliku zvuka. Ovo je vrlo važna činjenica: Bog je svijest i Bog je energija. I sâm razgovor je vrsta vibracije. Kroz vibraciju kozmičke energije On sve vrijeme razgovara s nama. Na ovaj način On je postao Majka stvaranja koja se rađa kroz mnogobrojna čvrsta tijela, vodu, vatru, zrak i eter.

Ta nevidljiva Majka neprestano Sebe izražava kroz vidljive oblike: cvijeće, planine, mora i zvijezde. Što je zapravo materija? Ništa drugo do posebna vrsta vibracije Božje kozmičke energije. Nema oblika u svemiru koji bi bio stvarno krut. Ono što nam se čini krutinom samo je određeni grublji oblik vibracije Božje energije. Gospod razgovara s nama kroz vibracije, no kako mi možemo izravno razgovarati s Njim? Ono što je najteže postići upravo je to: kako razgovarati s Bogom?

Pokušate li razgovarati s planinom, ona vam neće dati odgovor. Pokušate li razgovarati s cvijećem, kao što je to činio Luther Burbank, možete već dobiti neki slabašni odziv. Naravno, možete razgovarati i s drugim ljudima. Je li Bog manje osjetljiv od cvijeća i ljudskih bića jer nas ostavlja bez odgovora kada mu se obraćamo? Na prvi pogled čini se da je tako. No problem je u nama, a ne u Njemu. Telefon naše intuicije je pokvaren. Bog nas poziva i govori nam, ali mi Ga ne čujemo.

Vibracije svemira „govore" sve jezike

Ali Ga zato sveci mogu čuti! Uvijek kada bi se jedan učitelj kojega sam poznavao molio, izgledalo je kao da Božji glas odgovora s neba. Bogu nije potrebno grlo za razgovor s vama. Ako Mu se molite dovoljno snažno, vibracije vaših molitvi donose vam vibraciju

Njegova odgovora istoga trena. Te se vibracije očituju na bilo kojem jeziku kojim uobičajeno govorite ili ga razumijete. Ako se molite na njemačkome jeziku, čut ćete i odgovor na tom jeziku. Ako govorite engleski, tada ćete i odgovor čuti na engleskom jeziku.

Vibracije različitih jezika vode podrijetlo iz vibracije samog svemira. Bog, živeći unutar vibracije svemira, poznaje sve jezike. Što je jezik? To je određena vibracija. Što je vibracija? To je određena energija. Što je energija? To je određena misao.

Bog čuje sve naše molitve, ali i ne odgovara uvijek na njih. Naš odnos s Bogom istovjetan je odnosu majke i djeteta: dijete zove majku, ali majka ne misli da je baš nužno doći do njega i odgovoriti mu. Ona djetetu daje igračku da ga umiri i zabavi. Majka dolazi tek kada dijete odbija svaku utjehu osim njezine prisutnosti. Ako želite spoznati Boga, morate biti poput toga malenog, neposlušnog djeteta koje plače sve dok mu majka ne dođe.

Ako ustrajete u svom neprestanom plaču za Njom, Božanska Majka će vam se obratiti. Bez obzira na to kako zaposlena bila održavanjem kućanstva Svemira, kada čuje vaš uporni plač, Ona neće imati druge nego li razgovarati s vama. Hinduistički sveti spisi uče nas da ako se cijelu noć i cijeli dan bez prestanka predano molimo Bogu, On će nam odgovoriti. Ali samo su rijetki u stanju to učiniti! Svakoga dana vi imate „važne, neodgodive poslove" koje morate stići učiniti – oni su taj „vrag" koji vas gura sve dalje i dalje od Gospoda. Gospod vam neće doći ako se vi malo molite, a zatim počnete razmišljati o nečemu drugom. Ili ako mu se molite ovako: „Nebeski Oče, ja bih Te pozvao, ali sada sam jako pospan i... amen". Sveti Pavao je rekao: „Bez prestanka molite!"[*]

Uporni Job znao je voditi duge razgovore s Bogom. Job je rekao Bogu: „O poslušaj me, pusti me da zborim: ja ću Te pitat, a Ti me pouči. Po čuvenju tek poznavah te dosad, ali sada te oči moje vidješe."[†]

Kada ljubavnik izjavljuje svoju ljubav bez žara, njegova voljena zna da njegove riječi nisu iskrene jer je ona „čula" što je istinsko u njegovu srcu. Slično tome, kada se vjernici mole Bogu, On zna jesu li njihova srca i misli ispunjeni predanošću ili su im misli raspršene na sve strane. On ne odgovara na polovične molbe srca. Onima pak koji se danonoćno mole Bogu s najvećim žarom i predanosti i koji razgovaraju s Njim, Bog se ukazuje bez iznimke.

---

[*] 1 Sol 5:17.
[†] Job 42:4-5

Naslikao Jagannath. (Kalyana Kalpataru)

BOŽANSKA MAJKA

Bog u obličju Božanske Majke predstavljen je u indijskoj umjetnosti kao žena s četiri ruke. Jednu je ruku uzdignula na sveopći blagoslov; a u preostale tri drži redom: molitvenu krunicu (*japamalu*) kao znak predanosti, listove svetih spisa koji predstavljaju znanje i mudrost te izrezbareni vrč sa svetom vodom koji simbolizira pročišćenje.

Ne budi zadovoljan malim – traži najviše

*N*e gubi vrijeme u potrazi za malim stvarima. Prirodno, lakše je dobiti dar od Boga nego li biti spreman na najvrjedniji mogući dar – Njega samog. Stoga ne budite zadovoljni ni s čim manjim od onoga Najvećeg. Ja nisam vodio brigu o darovima koji su mi stizali od Boga, osim da Ga vidim i budem pokraj Njega. Zašto se sve moje želje ostvaruju? Zato jer ja idem duboko, izravno prema Bogu. Ja vidim Boga i Njegovo djelo u svakom izrazu stvaranja. On je naš Otac, On nam je bliži od najbližega, draži od najdražega i postojaniji od bilo koga drugoga. On je u isto vrijeme i spoznatljiv i nespoznatljiv.

Bog plače za vama. On vas želi vidjeti i vratiti k sebi. To je vaše pravo stečeno rođenjem. Jednoga dana ostavit ćete ovu Zemlju jer za vas to i nije neko mjesto prebivanja. Život na Zemlji je samo „škola" u koju nas je On stavio da provjeri kako ćemo se u njoj ponašati – to je sve. Prije nego što se On nama otkrije, Bog želi znati prianjamo li mi uz zemaljski lažni sjaj ili smo stekli dovoljno mudrosti da Mu možemo reći:

„Ja sam slobodan od svega, moj Gospode. Ja želim razgovarati samo s Tobom. Ja znam da si Ti sva moja stvarnost. Ti ćeš biti sa mnom i kada sve ode i nestane.“

Ljudska bića traže sreću u braku, novcu, vinu i tome slično, ali takvi ljudi su lutke na koncu svoje vlastite sudbine. Jednom kada to uvidi, čovjek spoznaje stvarnu svrhu i cilj života i prirodno počinje tragati za Bogom.

Mi moramo vratiti svoje izgubljeno božansko naslijeđe. Što ste nesebičniji, to više pokušavate usrećiti druge, a to vas onda postojano vodi razmišljanju o Bogu. Što više razmišljate o svjetovnim užicima i ljudskim željama, to vam više izmiče vaša duševna sreća. Mi nismo došli na ovu Zemlju da pužemo u blatu svojih osjetila i trpimo patnje na svakom koraku. Svijet ovakav kakav jest nesreća je i zlo jer koči razvoj duše u njezinu blaženstvu. Najveća sreća nailazi kada uronimo svoj um i misli u samoga Boga.

Zašto uzmičemo sreći?

Zašto ne razmišljate unaprijed? Zašto nebitne stvari smatrate tako važnima? Većina ljudi usmjerava svoju pozornost na nevažne, trivijalne aktivnosti, primjerice, doručak, ručak, večeru, rad, društvene aktivnosti i drugo. Učinite svoj život jednostavnijim i usmjerite sve svoje misli na Gospoda. Zemlja je mjesto „pripreme" za vaš povratak pod okrilje Boga. On želi vidjeti volimo li mi Njega više od Njegovih darova. On je naš Otac, a mi smo Njegova djeca. On ima pravo na našu ljubav i mi imamo pravo na Njegovu ljubav. Naše nevolje proizlaze iz činjenice da zanemarujemo Boga. Ipak, On nas uvijek čeka.

Želio bih da je On stavio barem malo više razuma u sve nas. Mi imamo slobodu izbora: odbaciti Boga ili Ga prihvatiti. I što mi činimo? Opterećujemo se jureći za novcem, za malo sreće i malo ljubavi. Zašto tražimo i molimo se za takve stvari koje će nam jednoga dana i onako biti oduzete? Koliko dugo ćete jadikovati nad teškoćama, bolestima i novcem? Ugrabite Kraljevstvo Božje i zadobijte besmrtnost dok još imate vremena! To je ono što i vi uistinu želite.

Vaš ulog za Božje Kraljevstvo

Sveci naglašavaju važnost nevezanosti kako prianjanje uz materijalne stvari ne bi odvuklo našu pozornost od Kraljevstva Božjeg. Odricanje ne znači odbacivanje baš svega. Ono jednostavno znači odustajanje od malih zadovoljstava u zamjenu za vječno blaženstvo. Bog razgovara s vama kada radite za

Njega, stoga biste neprestano trebali razgovarati s Njim. Recite Mu svaku svoju misao. Kažite Mu: „Gospode, otkrij mi se, otkrij mi se!" Ne uzimajte šutnju za odgovor. On će vam se najprije obratiti dajući vam nešto što volite i želite, pokazujući vam time da ste privukli Njegovu pozornost. No ne budite zadovoljni Njegovim darovima. Dajte Mu do znanja da nikada nećete biti zadovoljni sve dok ne dobijete samo Njega. Na kraju On će vam odgovoriti. U svojoj viziji tijekom meditacije možete ugledati lice nekoga svetog bića ili možete čuti božanski Glas kako vam govori. Tada ćete znati da razgovarate s Njim.

Predajte mu se svim srcem, zdušno, bez zadrške, i tako ćete Ga pridobiti. Nitko vas ne može naučiti kako se postižu takva predanost i jednousmjerenost. To morate sami naučiti. Možete dovesti konja na izvor, ali ga ne možete natjerati da pije. Samo ako je žedan, zdušno će piti vodu. Isto tako, Bog će vam doći tek kada osjetite golemu žeđ za Božanskim, kada vam ništa drugo ne bude važno, ni okusi svijeta ni okusi tijela. Upamtite, kada vaš zaziv iz srca postane tako snažan i kada ne budete prihvaćali ništa drugo u zamjenu, On će vam doći.

Iz svojih misli morate ukloniti sve sumnje vezane uz to hoće li vam Bog odgovoriti ili neće. Mnogi ljudi ne dobivaju nikakav odgovor samo zbog svojih sumnji i nevjere. Ako ste odlučni u postizanju onoga što ste naumili, ništa vas ne može zaustaviti u ostvarenju tog nauma. Odustajanje i predaja vaša su presuda koju ste si sami potpisali. Uspješan čovjek ne zna za riječ „nemoguće".

Vjera je bezgranična snaga Boga unutar vas. Bog zna kroz svoju Svijest da je On stvorio sve. Vjera znači posjedovanje znanja i uvjerenja kako smo stvoreni po Njegovoj slici. Kada smo usklađeni s božanskom Sviješću unutar nas samih, možemo stvarati svjetove. Zapamtite, kroz našu volju odražava se svemoguća Božja snaga. Kada se uspijete oduprijeti mnogim teškoćama, usprkos njihovu neprekidnom nadolaženju, kada vaš um postane čvrst i postojan, tada ćete vidjeti da vam Bog šalje odgovor.

Bog je vibracija koja prožima svemir – To je *Riječ* iz Biblije. Bog kao Riječ odzvanja svim atomima. Tu glazbu što nadolazi iz unutarnjih prostranstava svemira mogu čuti samo oni koji su u dubokoj meditaciji. I sada, u ovom času, ja čujem Njegov glas, taj zvuk, glazbu svemira, koji i vi čujete u meditaciji kao Kozmički Zvuk.* Taj zvuk pretvara se u oblik vama

---

* Aum (Om) je svjesna, inteligentna kozmička vibracija ili Duh Sveti.

razumljivog jezika koji je samo vama dan. Kada ja u meditaciji slušam Kozmički Zvuk, Aum, povremeno zamolim Boga da mi nešto odgovori ili kaže. Tada se taj zvuk Aum pretvara u riječi engleskoga ili bengalskoga jezika dajući mi precizne upute.

Bog također razgovara s čovjekom putem njegove intuicije. Ako naučite kako čuti* vibraciju svemira, On će vam olakšati slušanje Njegova glasa. Ali makar se i jednostavno molili Bogu odašiljući svoje molitve u eter, ako to činite snažno i jake volje, iz etera će vam stići odgovor u obliku Njegova glasa. Jer On vam se neprekidno obraća govoreći vam:

„Pozovi Me, obrati Mi se iz najdubljih kutaka svojega srca, iz srži svojega Bića, iz dubine svoje duše. Moli se Meni, uporno i dosljedno, veličanstveno i odlučno, s čvrstom namjerom u srcu da ćeš Me tražiti, ne pitajući se koliko će vremena proći do Mojega odgovora tebi. Ako Mi neprekidno u svom srcu šapćeš: 'O, moj Voljeni, razgovaraj sa mnom!', Ja ću doći k tebi, o pokloniče Moj!"

Ako samo jednom od Boga primite odgovor, više se nikada nećete osjećati odvojenim od Njega. To iskustvo Božje prisutnosti uvijek će ostati s vama.

---

* Putem sigurne i znanstvene tehnike objašnjene u lekcijama Self-Realization Fellowshipa.

To „jednom" veoma je teško ostvariti jer je srce i um teško uvjeriti zbog naših vlastitih sumnji uzrokovanih materijalističkim uvjerenjima.

Bog odgovara na šapat srca istinskih poklonika

$\mathcal{B}$og će odgovoriti svakom čovjeku neovisno o vjeri, kasti ili boji kože. Bengalska uzrečica kaže: „Kada iz dna duše zazoveš Boga u obliku Univerzalne ili Božanske Majke, Ona ne može ostati nijema, Ona ti mora odgovoriti." Zar to nije predivno?

Razmislite dobro o svemu što vam danas rekoh. Budete li tražili Boga uporno i stalno, nemojte nikada posumnjati u to da vam On neće odgovoriti. „Tako bi Jahve razgovarao s Mojsijem licem u lice, kao što čovjek govori s prijateljem".*

---

* Izl 33:11.

O AUTORU

„Ideal ljubavi prema Bogu i služenja čovječanstvu našao je svoj puni izražaj u životu Paramahanse Yoganande... Iako je veći dio života proveo izvan Indije, on se s pravom svrstava među naše velike svece. Njegov rad nastavlja rasti i sjati sve jasnije privlačeći ljude odasvud na stazu hodočašća Duha."

(ulomak iz prigodnog teksta Vlade Republike Indije u povodu izdavanja počasne poštanske marke na dvadesetpetu godišnjicu smrti Paramahanse Yoganande)

Rođen u Indiji 5. siječnja 1893., Paramahansa Yogananda posvetio je život pomaganju ljudima svih rasa i vjera u njihovoj spoznaji i što većem izražavanju istinske ljepote, plemenitosti i božanskosti ljudskog duha u njihovim vlastitim životima.

Nakon što je diplomirao na Sveučilištu u Kalkuti 1915. Yogananda je postao član poštovanoga indijskog vjerskog Reda swamija. Dvije godine kasnije počeo je svoje životno poslanje pomoći ljudima osnivanjem škole za cjelovito životno obrazovanje mladih. Iz nje je s vremenom nastala dvadeset i jedna obrazovna institucija diljem Indije. One, uz uobičajene akademske predmete, pružaju i poduku iz joge te potiču stremljenje k duhovnim idealima. Kao izaslanik Indije Yogananda je 1920. godine pozvan u Boston na Međunarodni kongres vjerskih liberala. Njegov govor pred sudionicima kongresa te predavanja koja je održao na Istočnoj obali Sjedinjenih Država bila su vrlo dobro prihvaćena tako da je 1924. krenuo na turneju duž SAD-a.

U iduća tri desetljeća Paramahansa Yogananda je na dalekosežan način pridonio promicanju svijesti i prihvaćanju istočnjačkih duhovnih vrijednosti na Zapadu. U Los Angelesu je 1920. osnovao međunarodnu središnjicu Self-Realization Fellowshipa*, vjerske udruge otvorene svim religijama. Svojim pisanjem, neumornim predavanjima te podizanjem hramova i meditacijskih centara Self-Realization Fellowshipa pridonio je upoznavanju stotina tisuća ljudi u potrazi za istinom s drevnom znanošću i filozofijom joge te njezinim univerzalno primjenljivim metodama meditacije.

Duhovni i humanitarni rad koji je započeo Paramahansa Yogananda danas je nastavljen pod vodstvom Sri Mrinalini Mate, učenice iz najužeg kruga Yoganandinih učenika i predsjednice Self-Realization Fellowship/Yogoda Satsanga Society of India. Self-Realization Fellowship bavi se izdavanjem Yoganandinih

---

* U prijevodu, "Udruga Samo-Ostvarenja". Paramahansa Yogananda objasnio je kako naziv *Self-Realization Fellowship* označava " 'Udrugu', povezanost s Bogom, kroz Samo-Ostvarenje u prijateljstvu sa svim dušama koje su u potrazi za istinom."

djela, predavanja i neslužbenih govora (uključujući i opsežan skup lekcija Self-Realization Fellowshipa za učenje kod kuće) te upravlja radom hramova, utočišta i centara diljem svijeta te Svjetskim molitvenim krugom.

Dr. Quincy Howe Mlađi, profesor starih jezika s fakulteta Scripps, napisao je u članku o Sri Yoganandinom životu i djelu: „Paramahansa Yogananda nije donio na Zapad samo vječno obećanje spoznaje Boga već i praktičnu metodu s pomoću koje duhovni tragaoci iz svih slojeva društva, neovisno o svom zvanju, mogu brzo napredovati prema tom cilju. Indijska duhovna baština, koja je na Zapadu pobudila zanimanje najprije na uzvišenoj i apstraktnoj razini samo probranih krugova, sada je dostupna kao praktično iskustvo svima koji teže izravnoj spoznaji Boga i to ne na drugom svijetu već ovdje i sada... Yogananda je uzvišene metode kontemplacije učinio dostupnima svima.“

CILJEVI I IDEALI UDRUGE
Self-Realization Fellowship

Kako su ih iznijeli Paramahansa Yogananda, utemeljitelj
Sri Mrinalini Mata, predsjednica

Širiti među narodima znanje o točno definiranim znanstvenim tehnikama za postizanje izravnog, osobnog iskustva Boga.

Naučavati kako je svrha čovjekova života evolucija putem vlastita napora kako bi ograničena ljudska svijest napredovala do Božanske Svijesti. U skladu s tim, osnivati diljem svijeta Self-Realization Fellowship hramove za stupanje u dodir s Bogom te poticati uspostavljanje pojedinačnih Božjih hramova u domovima i srcima ljudi.

Otkriti potpun sklad i temeljno jedinstvo izvornog kršćanstva kako ga je naučavao Isus Krist i originalne joge kako ju je naučavao Bhagavan Krišna. Pokazati kako su ta načela istine zajednički znanstveni temelj svih istinskih religija.

Isticati jedan božanski put do kojeg u konačnici vode staze svih istinskih vjerskih uvjerenja, a to je put svakodnevne posvećene meditacije o Bogu.

Oslobađanje čovjeka od trostruke patnje: fizičke

bolesti, misaonog nesklada i duhovnog neznanja.

Poticati „jednostavno življenje i uzvišeno razmišljanje". Širiti duh bratstva među svim ljudima učenjem o vječnom temelju njihova jedinstva – srodstvu s Bogom.

Pokazati nadmoć uma nad tijelom i duše nad umom.

Pobijediti zlo dobrim, tugu radošću, grubost nježnošću, neznanje mudrošću.

Ujediniti znanost i religiju shvaćanjem jedinstva njihovih zajedničkih temeljnih načela.

Zagovarati kulturno i duhovno razumijevanje Istoka i Zapada te razmjenu njihovih najistaknutijih obilježja.

Služiti čovječanstvu kao vlastitom Višem Jastvu.

KNJIGE NA HRVATSKOM
PARAMAHANSE YOGANANDE

Autobiografija jednog jogija

Dostupna putem internetskih stranica Self-Realization Fellowshipa:
www.yogananda-srf.org

ili na adresi:
www.amazon.com

KNJIGE NA ENGLESKOM
PARAMAHANSE YOGANANDE

Dostupne u knjižarama ili izravno od izdavača:
Self-Realization Fellowship
3880 San Rafael Avenue • Los Angeles, California 90065-3219
Tel (323) 225-2471 • Fax (323) 225-5088
www.yogananda-srf.org

Autobiography of a Yogi

The Second Coming of Christ:
The Resurrection of the Christ Within You
Nadahnuti duhovni komentar izvornoga Isusovog učenja.

God Talks with Arjuna; The Bhagavad Gita
Novi prijevod i komentar.

Man's Eternal Quest
Prvi svezak predavanja i neslužbenih govora
Paramahanse Yoganande.

The Divine Romance
Drugi svezak predavanja, neslužbenih govora i eseja
Paramahanse Yoganande.

Journey to Self-Realization
Treći svezak predavanja i neslužbenih govora
Paramahanse Yoganande.

Wine of the Mystic:
The Rubaiyat of Omar Khayyam — A Spiritual Interpretation
Nadahnuti komentar pjesničkog djela „Rubaije" Omara Hajjama
koji nam otkriva skrivenu znanost o spoznaji Boga unutar ovih za-
gonetnih pjesničkih slika.

Where There Is Light:
Insight and Inspiration for Meeting Life's Challenges

Whispers from Eternity
Zbirka molitvi i iskustava Božanskog Paramahanse Yogananade do-
življenih tijekom uzvišenih stanja u meditaciji.

The Science of Religion

The Yoga of the Bhagavad Gita:
An Introduction to India's Universal Science of God-Realization

The Yoga of Jesus:
Understanding the Hidden Teachings of the Gospels

In the Sanctuary of the Soul:
A Guide to Effective Prayer

Inner Peace:
How to Be Calmly Active and Actively Calm

To Be Victorious in Life

Why God Permits Evil and How to Rise Above It

Living Fearlessly:
Bringing Out Your Inner Soul Strength

How You Can Talk With God

Metaphysical Meditations
Više od 300 meditacija, molitvi i afirmacija za duhovno uzdizanje.

Scientific Healing Affirmations
Paramahansa Yogananda ovdje predstavlja duhovno objašnjenje temelja znanosti o afirmaciji.

Sayings of Paramahansa Yogananda
Zbirka izreka i mudrih savjeta koji predstavljaju odgovore dane s puno ljubavi i iskrenosti što ih je Paramahansa Yogananda davao onima koji su k njemu došli po vodstvo.

Songs of the Soul
Mistična poezija Paramahanse Yoganande.

The Law of Success
Objašnjenje dinamičkih načela na kojima se temelji čovjekov uspjeh u ostvarenju životnih ciljeva.

Cosmic Chants
Tekstovi (na engleskom) i glazba (notni zapis) 60 devocijskih pjesama s uvodom u kojemu je objašnjeno kako duhovno pjevanje može voditi do spoznaje Boga.

ZVUČNI ZAPISI
PARAMAHANSE YOGANANDE

Beholding the One in All

The Great Light of God

Songs of My Heart

To Make Heaven on Earth

Removing All Sorrow and Suffering

Follow the Path of Christ, Krishna, and the Masters

Awake in the Cosmic Dream

Be a Smile Millionaire

One Life Versus Reincarnation

In the Glory of the Spirit

Self-Realization: The Inner and the Outer Path

OSTALA
SELF-REALIZATION FELLOWSHIP IZDANJA

Na zahtjev se može dobiti cijeli katalog izdanja te audio/video zapisa Self-Realization Fellowshipa.

Swami Sri Yukteswar:
The Holy Science

Sri Daya Mata:
Only Love:
Living the Spiritual Life in a Changing World

Sri Daya Mata:
Finding the Joy Within You:
Personal Counsel for God-Centered Living

Sri Gyanamata:
God Alone:
The Life and Letters of a Saint

Sananda Lal Ghosh:
„Mejda":
The Family and the Early Life of Paramahansa Yogananda

Self-Realization
(časopis koji izlazi četiri puta godišnje; pokrenuo ga
je Paramahansa Yogananda 1925. godine).

SELF-REALIZATION FELLOWSHIP LEKCIJE

Self-Realization Fellowship Lekcije sadrže učenje Paramahanse Yoganande o znanstvenim tehnikama meditacije, uključujući *Kriya jogu* kao i njegove savjete i vodstvo u vezi svih pitanja koja se tiču uravnotežena duhovnog života. Za dodatne informacije zatražite besplatnu knjižicu *Undreamed-of Possibilities* koja je dostupna na engleskom, španjolskom i njemačkom jeziku.